POEMAS ARGENTINOS

Alberto Julián Pérez

Riseñor Ediciones

Copyright © 2017 Alberto Julián Pérez.

Todos los derechos reservados. Ninguna parte de este libro puede ser reproducida por cualquier medio, gráfico, electrónico o mecánico, incluyendo fotocopias, grabación o por cualquier sistema de almacenamiento y recuperación de información sin el permiso por escrito del editor excepto en el caso de citas breves en artículos y reseñas críticas.

Esta es una obra de ficción. Todos los personajes, nombres, incidentes, organizaciones y diálogos en este libro son o bien producto de la imaginación del autor o son usados de manera ficticia.

Debido a la naturaleza dinámica de Internet, cualquier dirección web o enlace contenido en este libro puede haber cambiado desde su publicación y puede que ya no sea válido. Las opiniones expresadas en esta obra son exclusivamente del autor y no reflejan necesariamente las opiniones del editor quien, por este medio, renuncia a cualquier responsabilidad sobre ellas.

Las personas que aparecen en las imágenes de archivo proporcionadas por Thinkstock son modelos. Este tipo de imágenes se utilizan únicamente con fines ilustrativos. Ciertas imágenes de archivo © Thinkstock.

ISBN: 978-0-9860-8396-9 (tapa blanda)
ISBN: 978-0-9860-8397-6 (libro electrónico)

Lulu Publishing Services rev. date: 08/25/2017

Riseñor Ediciones
Lubbock, TX
2017

POEMAS DE LA VIDA

El bar de las viejas vedettes

A este bar del centro donde vengo
a ocultarme, llegan, por la noche,
unas viejas vedettes. Trabajan aquí cerca,
en un teatro de mala muerte.
Una vez, curioso, fui a verlas actuar.
Estaban radiantes sobre el escenario
vestidas de lentejuelas y de plumas.
Sus carnes desbordaban sus trajes.
El público, jocoso, se burlaba
de sus cuerpos deformes.
Ellas, diosas histéricas, sufrían
las humillaciones y miraban
con desprecio a la platea
de adolescentes imberbes
y hombres solos. No renunciaban
a nada. Se aferraban a sus cuerpos,
antes gloriosos, y seguían representando

su papel inverosímil. Bailaron, cantaron,
mostraron el culo, exhibieron
sus tetas fofas. Luego del show
vinieron al bar,
esta extraña escuela de condenados.
Aquí, las vedettes, que una vez
lo tuvieron todo: amor, belleza, dinero,
quedaron, indefensas, bebiendo su copa,
fuera del escenario y de las luces.
Esas pobres mujeres me hicieron pensar
en la poesía desvalida de nuestro tiempo.
En los poetas grotescos, que cantan
y celebran la fealdad del mundo,
con expresión grosera,
y son el hazmerreír de muchos.
No tienen vergüenza de exhibirse.
Otrora soñaron en un mundo perfecto,
lírico, elevado, sin limitaciones.
Pero pasó el tiempo
y nunca llegó la palabra iluminada
ni la inspiración salvadora. Ahora
rinden culto a la vida y se arrepienten

de sus sueños reaccionarios. También pensé
en los otros, sus enemigos, que,
a diferencia de las viejas cocottes,
no saben vivir en la cruel realidad
y se refugian en un paraíso imaginado.
Los poetas burgueses, que cantan
al amor salvador y los sentimientos nobles
en versos elevados. Esos que ignoran
el infierno, que no conocen la caída
ni sienten compasión por la fragilidad
humana. El espíritu, finalmente, me dije,
será el que nos guíe por este desierto,
solos ante la duda. El espíritu poético,
ese aura inmaterial que viaja por el tiempo,
y llega en el lenguaje y nos eleva, y es
el espíritu santo. Miré a mi alrededor,
alcé mi copa y brindé por las vedettes.
Ellas me devolvieron la cortesía.
Luego nos quedamos bebiendo en silencio.
La disciplina del alcohol me ayudó
a ensimismarme. Recordé un sueño
recurrente que tengo, en el que me hundo

en lo más hondo y emerjo en un espejo.

Allí desesperado me contemplo

y me arranco a pedazos la piel del rostro.

Era sólo una máscara, descubro, y detrás

encuentro otra y otra…Vivimos

escapando de nosotros mismos

y poco a poco, sin saberlo,

nos acercamos a eso que somos.

Bebimos la última ronda de alcohol suicida.

Cerró el bar y salimos a la calle, ya bautizados.

La oscuridad nos acogió, en su anonimato

generoso. Nos alejamos sin despedirnos.

Solos en nuestra ley los incorregibles.

Héroes también de la soledad y del fracaso.

Ya el mundo me dolía menos

y estaban prontas a abrirse

las puertas del sueño y del olvido.

La Sibila

En la esquina de casa vive una indigente.
La pobre está desequilibrada.
Vuelta hacia adentro, habla sola.
Parece tener algo más de treinta años.
Los vecinos pasamos a su lado sin decir nada.

Llegó al barrio hace un año.
Tendió sus mantas en la vereda,
cerca de una alcantarilla.
Ese lugar es su morada.
Allí come, duerme y pasa sus días.

Es una mujer moderna:
tiene una radio y una calculadora rotas.
Mueve o aprieta sus botones
y conversa con ellas.
Quizás la entienden y le responden cosas.

La hemos aceptado
como parte de nuestra realidad.
Los niños la miran con curiosidad.
Ella vive en su propio mundo.

Sucia, cubierta de viejos abrigos, en invierno
y en verano, duerme junto a un perro viejo
que se hizo su amigo
y es el único ser que le brinda
su calor, su cariño.
Cada mediodía le da de comer a las palomas
las sobras de las sobras que recibe.

No nos presta atención,
ignora lo que pasa a su lado.
"Ha perdido la razón", nos decimos,
pero no sabemos bien qué es la razón.

Parece que oye voces.
Quién sabe qué le dicen.
Para mí es como una sibila
que recibe mensajes del más allá.

Los vecinos procuran no acercarse mucho.
Huele mal y seguramente tiene piojos.
No quieren contagiarse.
¿Qué nos pasaría si atravesáramos,
con ella, la pared invisible
y cruzáramos a ese otro lado,
que no conocemos?

Aprovechamos para hacer nuestra catarsis.
Esta mujer sucia nos sirve para limpiarnos.
Purgamos nuestro miedo
al abandono y al fracaso.

¡Oh indigente, oh inocente sibila,
perdona nuestras deudas!
¡Somos parte de tu miseria!

Tal vez sea esta una prueba
que dios nos envía
y somos nosotros los observados.
En este laberinto sin salida
guardo cierta esperanza de resurrección.

Ella parece habitar
dentro de un sueño recurrente.
Yo creo que las voces que oye
son las mismas que hablan a los poetas.

Hay en ella cierta belleza trágica.
Su vida parece una metáfora
del purgatorio o del infierno.

En su suerte veo reflejado
el destino fatal de muchos artistas,
ante la realidad, impotentes,
prisioneros de sus sueños.

Siento que expresa algo
que va más allá de lo que vemos.
Su silencio es un enigma
preñado de interrogantes.

¡Oh inocente sibila!
¡Concédeme un deseo!
Haz que desaparezca la distancia
entre dios y nosotros.

Mírame por una vez a los ojos.

Toma mis dos manos.

Confíame los secretos de tus voces,

y dime, si puedes, quiénes somos.

El ahogado

Estábamos pasando con mi novia
el día en La Florida. No me refiero
a alguna playa de arena blanca en Miami
sino al balneario municipal
de arena oscura, en Rosario.

Mirábamos desfilar, desde la orilla,
los camalotes viajeros
que descendían desde Corrientes
con su carga de serpientes y de monos.

Nuestro amor era un amor sencillo
de pueblo o ciudad sudamericana,
donde los pobres
se bañan en el río de barro,
y los ricos
maquillan la realidad
con sueños prestados.

Finalmente nos ganó el hambre
y fuimos a un bar de la playa
a tomar cerveza y comer
sánguches de milanesa.

El sol se iba poniendo en el horizonte.
Atardeceres de reflejos bermejos
del Paraná. Pareciera que el cielo o dios
estuvieran heridos, y sufrieran,
por nosotros, que les hicimos daño.

Le dije a mi novia que quizá éramos parte
de una fantasmagoría. Abrazados
a nuestro amor tierno
imaginamos que nos íbamos río abajo
a una selva de jaguares o tigres americanos.

Podíamos, si queríamos, viajar en el tiempo,
pensar que el Paraná era el río de la vida
de cuya arcilla
había sido hecho el primer hombre.

Escuchamos gritos,
y vimos que los pocos bañistas

que quedaban, corrían
hacia un punto en la playa.

Nos acercamos al lugar. En el suelo,
extendido, había un joven,
con los brazos en cruz.

Un muchacho, a horcajadas
sobre él, le presionaba el pecho
con ambas manos.
El ahogado no reaccionaba.

Me aproximé a él: vi que tenía
los ojos abiertos. Su mirada vidriada
parecía buscar algo en el cielo.
Comprendí que estaba muerto
y que ya nada ni nadie
lo volvería a la vida.

Me pregunté que imagen última
se habría llevado de este mundo.
Y a quién habría llamado,
en los instantes finales,
de brazadas desesperadas, agónicas.

Nosotros preocupados por el amor
y él ya entrado en la muerte.
¿Cómo sería la muerte? El muerto
nos traía esa pregunta a nosotros
pasajeros del amor.

Mi novia, junto a mí, lloraba.
Estábamos en silencio, graves,
ante la tragedia inesperada.

El ahogado quedó tendido en la arena.
Nada podía hacerse. La gente
se fue alejando. Oscurecía.

La muerte tan cerca de la vida.
El final tan próximo al comienzo.
Sentimos en nosotros
la brevedad del mundo.

Percibimos nuestra mortalidad
y temblamos por la vida futura.

Quiera dios darnos vida, pensé,
y lo dije en voz alta.

Mi amada se abrazó a mí y, tristes,
emprendimos el regreso a casa.

Atravesamos lentamente la ciudad
en el colectivo del amor.

Al llegar, su madre preparaba la cena.
No dijimos nada. Reunidos en familia
comimos empanadas y bebimos vino.
En la TV un joven cantor
entonó "Samba de mi esperanza":
"El tiempo que va pasando/
como la vida no vuelve más".
Mi novia y yo nos miramos
y nos tomamos de la mano.

Estábamos enamorados
de esa cosa que es la vida.
Dentro mío rogué
que perdurara en su ser.

CRÓNICAS DE TIEMPOS DIFÍCILES

Una visita a la Villa 31

La socióloga Catherine Simpson
ha llegado de visita a Buenos Aires
desde Nueva York, esa ciudad de torres
y maravillas, isla o barco que flota
entre el East River y el Hudson
y enseña al mundo las banderas
de su gran paraíso mercante.

Es la ex-esposa de un amigo mío. Sabía
que yo trabajaba para el Ministerio
de Desarrollo y Turismo y me escribió.
Vino a conocer cómo viven nuestros pobres.
Habla bien el castellano. Había leído
mi poesía y me aprecia.

Nuestros « cabecitas » son materia de estudio
en las universidades de los ricos.
Norteamérica se ha cansado de investigar

las condiciones de vida en sus guetos negros,
sus barrios portorriqueños
y sus distritos mexicanos,
y ahora está en proceso de hacer un catálogo
de la miseria universal
y de la barbarie que sumerge al planeta.

Ni la represión policial,
ni las guerras fratricidas,
han resultado eficientes para detener
esa amenaza en expansión de la pobreza,
y ha decidido mandar a sus doctores
en sociología y en genética
a visitar los guetos de África y Latinoamérica
para buscar soluciones permanentes
a este flagelo de la humanidad.

Yo la recibí en el renovado aeropuerto
de Ezeiza, que pretende (igual que nuestra
oligarquía), parecerse cada vez más al de Miami,
pero en chiquito. Partimos de allí a su hotel
5 estrellas en Puerto Madero, el antiguo muelle
de trasatlánticos de ultramar, hoy barrio boutique

de nuestros empresarios internacionales,
joya preciada de los inversionistas,
cotizada patria de los capitales golondrinas,
donde lavan el dinero nuestros ricos.

Quedamos en recorrer al día siguiente
nuestra villa miseria más famosa,
hermana dolorosa de las favelas de Río,
los pueblos jóvenes de Lima,
y las colonias pobres de México.
La pasé a buscar en una 4 x 4
del Ministerio. Se sorprendió Catherine
de lo tan cerca que estaba la villa
del barrio insigne de nuestra oligarquía.

La Villa 31 se levanta majestuosa
junto a la estación Retiro, entre las vías
de los trenes, la autopista y el puerto,
frente a los Tribunales de Justicia.
Entramos por sus calles de tierra,
surcadas de cloacas a cielo abierto,
flanqueadas de deshechos
y montones de basura maloliente.

Frente nuestro estaban las coloridas
casillas, ordenadas en hileras superpuestas,
apiladas unas sobre otras, como las latas
de conserva en el supermercado.

Unos niños sucios jugaban en un potrero
improvisado con una pelota de trapo.
Al vernos pasar, uno de ellos, enojado,
recogió de una zanja una gallina muerta,
la revoleó con habilidad y la arrojó
contra la camioneta. Cruzó
a escasos centímetros del parabrisas.

Fuimos directamente a la capilla,
donde el cura villero, que se había escrito
con nuestra embajadora gringa,
le dio la bienvenida. Le dijo
que había conocido, durante un viaje,
al Pastor de su Iglesia en el East Side,
(Catherine era profesora
de la Universidad de Nueva York),
un polaco rubio y alto
que hablaba a los gritos,

pesimista y desesperado
como nuestros profetas de la pampa.

Poco después llegaron a la capilla
las madres de los comedores,
casi todas señoras maduras
de aspecto poco cuidado,
que sirven diariamente platos de sopa,
pan y mate a los niños de las familias
que no pueden alimentarlos.

Se fueron con el cura, todos juntos,
a recorrer a pie la villa. Los siguieron
algunos chicos y los perros callejeros.
Los hombres desocupados
que aguardaban un milagro a la puerta
de sus casillas, los observaban.

Yo me sentía mal y no fui con ellos.
Me disculpé. Era como si toda esa miseria
me hubiera golpeado en el estómago.
Regresé a mi casa en el barrio trabajador
y pobre de La Boca, patria del club de fútbol

más famoso, en cuyo estadio, los domingos,
las masas gritan su entusiasmo
y escapan de sus tristezas.

Tuve bastante trabajo en esos días
con las delegaciones: llegaron agentes
del Fondo Monetario y los llevé
a la Embajada Norteamericana
y a la Casa de Gobierno. También arribaron
profesores de la Escuela de Derecho de Yale
para hablar con los jueces
de la Suprema Corte de Justicia.

Parece que nos conocen bien
y vamos recogiendo cierta fama,
o que vivimos en un país
de sirvientes y lacayos,
y recibimos órdenes y consejos
de nuestros amos.

Me pregunté quién podía creer
que la sociedad progresaba

y el mundo era cada vez más justo.
Habría que cuestionarle a Hegel
su optimismo histórico.
Razón tenía Marx cuando afirmaba
que cada día nos podrimos más,
y que la burguesía no planea salvarnos,
sino vendernos por pedazos
en el mercado de carnes.

¡Ay Cristo, haz algo por tus criaturas,
porque así no vamos a ningún lado!

Catherine me llamó por teléfono,
y me dijo que su visita al país
le estaba resultando muy productiva.
Tenía su agenda llena. Hablaría inclusive
con la Ministro del Interior, ¡una mujer!
No la volví a ver hasta varios días
después, en una recepción. Me pidió
que la recogiera el lunes para llevarla
al aeropuerto. Ahí podríamos conversar
y despedirnos.

Pasé por su hotel temprano a la mañana
y nos subimos a la autopista. Estaba contenta.
Todo había salido muy bien. Había recogido
mucha información importante.

Era una mujer de buen corazón,
debo reconocerlo, aunque no estaba yo
de acuerdo con su fe
en la compasión del capitalismo
que, ella creía, salvaría al mundo.
Me dejó como recuerdo un dibujo
hecho por un pintor sin manos
del Barrio Portorriqueño de Nueva York.
Yo, a mi vez, prometí enviarle una copia de este poema.

Me dijo que había corroborado en el terreno
lo que tantas veces había leído en sus libros:
era indispensable frenar la barbarie
de una vez por todas en Latinoamérica.

Tenía todo tipo de sugerencias para civilizarnos.
Recomendaba revivir la Alianza para el Progreso,
e implementar programas médicos estrictos

para evitar los embarazos indeseados
entre los pobres. También necesitábamos,
insistió, mucha más policía,
porque solo la policía
podía combatir profesionalmente a los ladrones
que se ocultaban en sus madrigueras,
y a los narcotraficantes que infestaban
las villas y eran una amenaza
para las áreas residenciales del centro.

Hacían falta escuelas al estilo norteamericano,
que les inculcaran ideas de libertad a los niños,
y planes del arrepentido
para promover el espionaje en las villas
y ayudar a la policía en su misión.

En Ezeiza la aguardaba un pequeño comité
de despedida de la Casa de Gobierno
que le entregó varios regalos: un poncho,
un rebenque, unas espuelas. Le dijeron
que ya los gauchos habían desaparecido,
pero eran el símbolo de nuestra patria criolla.

Se los había llevado el tiempo como un día
el tiempo se llevaría la barbarie villera.

La representante de la civilización yanqui
se tomó el vuelo de American,
y se fue a hacer su informe sobre la Argentina.
Esperemos que la solución propuesta
no sea la misma que ya sufrieron en el continente
los indios, los gauchos y los negros.

Yo creo que los pobres, a su modo,
en nuestra tierra, van resolviendo
el problema de su vivienda, dada
la notoria impiedad de los ricos y del gobierno.
Resisten en sus casillas improvisadas
el paso del tiempo y aguardan
en los pasadizos de fango
que llegue la prometida piqueta
y la orden de desalojo.

Tener una casa es ocupar un lugar
en el mundo. No tener domicilio es como ser
un muerto vivo. La villa, cueva de traficantes

y refugio de abandonados, ese gran escenario,
que visitan ahora, con curiosidad,
las delegaciones extranjeras,
es el teatro popular de nuestra pobreza,
el espacio alegórico de nuestros vicios.

Los argentinos somos creativos y mitómanos,
reverenciamos el melodrama
e inventamos historias.
En la patria de Gardel, el Che y Evita,
dios nos consuela. ¡Ver tanta miseria junta,
quién diría, si dan ganas de fotografiarla!

El Gran Cacelorazo del Obelisco

El día 14 de julio del 2016, al anochecer,
los vecinos de Buenos Aires nos reunimos
frente al Obelisco, testigo ocular de nuestra historia,
grácil vigía y atalaya de este Fuerte, la Patria,
para participar en el Gran Cacerolazo Nacional.

No soy el único cronista que informo de este evento,
pero uso el verso, y este cacerolazo, por lo tanto,
se integra a la historia de nuestra poesía,
para satisfacción de sus héroes
y de sus heroínas, las esforzadas mujeres argentinas.

Utilizo el lenguaje expresivo que mi pueblo
ama y entiende: imágenes visuales llamativas
y decoradas metáforas cumbieras, para sellar
el nuevo pacto con las multitudes argentinas
en la forma poética del siglo veintiuno.

Podrá mi ojo público viajar
por el espacio de las realizaciones de mi gente,
testimoniar desde el cielo su gran exquisitez,
y embriagarme, drone menudo,
con las cosas delicadas de su espíritu.

Hemos comenzado nuestra jornada nacional
de Resistencia (palabra sagrada en la lengua
de mi tierra, honrada por la paciencia
de luchadores innumerables
en las horas aciagas del terror y la dictadura)
contra un gobierno apátrida, oligarquía estéril
y cipaya, que hambrea a su pueblo trabajador
y nos trata como a salvajes o a bárbaros.

Impactante es la riqueza verbal de mi gente,
los muchos hallazgos de su expresión arisca y viva,
por eso mi indignación choca con la policía
del idioma. Ya tuvimos, felizmente, nuestros
libertadores de la lengua y de la poesía,
y hoy podemos elevar el lustre de nuestra voz
y dar lecciones de sensibilidad
a los vendepatrias y a los reaccionarios.

Atesoramos una literatura experimentada,

contamos con nuestros santos y nuestros mártires,

y guay de quien se digne ofender su memoria,

porque saldrán los poetas,

con las filosas espadas de sus plumas,

a despenar a los asesinos de sus versos.

Para los ricos de mi querida Argentina,

sépanlo, nunca hubo nada más despreciable

que su propio pueblo,

y así lo demuestran, crueles Nerones,

con sus actos y medidas de gobierno.

Por eso nuestra gente ha decidido,

como la Difuntita Correa, digna y dulce,

luchar, heroica, por sus derechos.

Odiamos los privilegios

de nuestros ilegítimos oligarcas,

sirvientes arrogantes de amos extranjeros,

que luego de enlutar al país

durante cinco décadas

con sus desgobiernos militares

y sus Juntas de asesinos en el pasado siglo,

vienen hoy con sus vástagos,

educados en universidades gringas,

a traer hambre y miseria a nuestros hijos.

Jamás se cansan los ricos

de atormentar a los pobres, así está escrito,

y si no, lean el Evangelio, y visiten

las villas miserias que languidecen

junto a los barrios boutiques

de los poderosos, y vean a los niños descalzos

mendigar por las calles y recoger comida

de la basura. Por eso, en este 14 de julio

fraterno, nos reunimos, libertarios,

para un Gran Cacelorazo de resistencia popular.

El Obelisco está engalanado de carteles

que vocean nuestra rebelión,

en este día en que florecen, junto a las cacerolas,

los paraguas, porque hoy, como en aquel

25 de mayo de 1810, cuando el pueblo argentino

inició su Revolución contra el Imperio,

llueve en Buenos Aires. El cielo nos acompaña

y está llorando por sus hijos

en el espacio alegórico
de nuestra movilización popular.

Todo tiene sentido, la ciudad habla,
cada ser y cada objeto son testigos:
estamos en la 9 de Julio, la Avenida
más ancha del mundo, hermanados,
Catones heroicos, en la gran rotonda florida
que abraza al Obelisco, cantando estribillos
y gritando nuestras razones, expresando
nuestra indignación y nuestro enojo,
batiendo, con ritmo canyengue,
nuestras cacerolas disonantes.

Las fuerzas policiales, armadas con rifles
de asalto, escudos y bastones, uniformados
apocalípticos, acordonaron el perímetro
de la manifestación, y amenazan nuestra
seguridad, mostrando el poco valor que tiene
en Buenos Aires la vida.
A nuestra oligarquía, estancieros obesos
e industriales raquíticos, siempre le ha gustado
reprimir con su policía a la gente pacífica,

y mandar, llegado el caso, al asalto,

al mismísimo Ejército Nacional, mercenario

del país de los potentados, para contener

el avance de los disconformes, incitándolo,

si hace falta, a disparar contra su pueblo.

Mientras tanto, yo, el poeta, y más que el poeta,

el maestro, el viejo maestro que soy y he sido,

y cronista y periodista ocasional

en que me transformo, cuando la urgente

situación lo exige, testimonio, en esta ocasión,

para Radio FM La Boca, y sus radios afiliadas

y amigas: FM La Colifata, FM Caterva,

Radio La Milagrosa, Radio Bemba y FM Riachuelo,

el enojo de las masas contra el gobierno

por el aumento indiscriminado de las tarifas

de los servicios del gas y de la luz en un 700 %

(increíble no?).

Así sacan las cuentas en mi patria los ricos,

que liquidan con rabia cruel y arrogante

el sudor cautivo del trabajador mal alimentado.

Hay en la protesta mayor cantidad de mujeres
que de hombres. Las cacerolas son el símbolo
de la labor continua y esforzada de las madres
en sus hogares, y las combativas y valientes mujeres
quieren hacerse escuchar. Raudas recorren las filas,
amazonas guerreras en la batalla contra la Hidra
de crueles egos de la oligarquía carnicera.

Arrecian los cánticos contra los responsables
de la miseria; tantos crímenes han cometido
a lo largo de nuestra historia
que llenan con sus hechos
páginas oscuras de sufrimiento y de oprobio.

Primeras en la fila, se destacan las Madres
de Plaza de Mayo, ancianas esforzadas,
armadas, bajo la lluvia, de coraje,
con sus característicos pañuelos blancos;
los miembros de la Tupac Amaru, rostros
de bronce, perfiles de hacha,
piden, en sus carteles, por la libertad
de la militante indígena Milagro Sala,

prisionera política del gobierno;
varias organizaciones piqueteras agitan
las acosadas banderas de sus consignas;
el Partido Obrero hace flamear su estandarte
rojo, insignia de la guerra de clases;
Barrios de Pie forma ante el muro policial,
barrera sin misericordia,
una procesión de conciencias.

Reconozco de pronto, en la muchedumbre,
algunas caras: son los jóvenes estudiantes
del colegio de mis desvelos
que se han hecho presentes en esta hora.
Rostros osados, ojos luminosos, sonrisas fáciles,
me siento orgulloso de esos jóvenes centinelas
idealistas. Me gritan: « ¡Profesor ! ». Los saludo
agitando mis dos brazos. « Mire si nos viera
Martín Fierro », dice uno. Levanto el pulgar,
aprobando su ingenio. Están en mi nuevo curso
de Literatura Argentina en la « Escuela
de la Ribera », donde estudiamos y discutimos
muchos grandes libros nuestros.
Juntos leímos el *Martín Fierro* y *Operación masacre*.

Son muy inteligentes. Me alegra que hayan venido
a esta inolvidable protesta popular. Me honra
la profunda conciencia social de estos muchachos,
hijos de los trabajadores de mi barrio, La Boca,
antigua casa de inmigrantes y refugio
de humillados, cuna ilustre de luchadores
anarquistas y socialistas
admiradores de Almafuerte y de Carriego.

Sé que mis prédicas morales arrecian en mis clases
(« No te des por vencido, ni aún vencido,
no te sientas esclavo, ni aún esclavo;
trémulo de pavor, piénsate bravo,
y acomete feroz, ya mal herido. »),
pero no fueron ellas las que los persuadieron
a venir, sino las ideas emancipadoras
de José Hernández y Rodolfo Walsh.
Todos al unísono batimos las cacerolas,
los argentinos somos músicos de corazón.
No hay mejor ritmo que el que nace
de la indignación. En este país pasan
muchas cosas. Protestan las madres de familia,
las organizaciones barriales, el Partido Obrero,

los Peronistas, los estudiantes. Se escuchan
cánticos : « Macri,/ basura,/ vos sos la dictadura ».

El Jefe de la Policía da la orden a su escuadrón
de avanzar. Infiltrados de Inteligencia nos provocan.
Escuchamos los insultos: « negros grasas, cabecitas,
muertos de hambre, viejas de mierda,» gritan.
Son las mismas expresiones resentidas y racistas
de desprecio que utilizan las señoras
en Barrio Norte y Recoleta, el enclave
de los ricos, para referirse a sus sirvientes
en sus conversaciones. Para estos agentes
y espías del gobierno, los trabajadores
no tienen valor humano alguno.

Mientras, en nuestro grupo, por encima
del estruendo de las cacerolas, se escucha,
al unísono, nuestro clamor: « ¡queremos trabajo ! »,
"¡tenemos hambre ! », « ¡no podemos pagar
las facturas ! », « ¡no al tarifazo ! ».

Es la luz de la voz multitudinaria iluminando
la oscuridad de la barbarie macrista. Los argentinos

hacemos cosas esenciales con nuestro lenguaje,
la palabra para nosotros es un arma cargada de belleza,
bandera de identidad para develar la verdad
propia a los hermanos. Periodistas y maestros
nos reconocemos en su dignidad redentora.

La clase popular se bate contra la oligarquía
entreguista. Estela de Carlotto, la viejecita ilustre,
Abuela de los desaparecidos, está allí, y viene
a saludarme; la abrazo, me dice « poeta », y envía
por mi intermedio su saludo a los jóvenes rebeldes
de FM Riachuelo. Yo le prometo
escribir una crónica; aquí cumplo;
poesía e historia siempre se dan la mano.

Es importante dejar testimonio del presente.
Estamos en tiempos difíciles. La Historia,
la Literatura y la Política son los faros
que han iluminado las luchas de los pueblos
en Hispanoamérica. Mañana, seguramente,
la prensa oficial infame, la de los plumíferos
serviles, cómplices del poder vandálico
y del capital corrosivo, sembrará sus mentiras.

Explicará que éramos minúsculos y nos había
mandado el Peronismo, y aún el Comunismo,
promoviendo el odio en las falanges macristas.

No es cierto y les explicaré todo, en esta, mi crónica
urgente: la gente salió a la calle porque la calle
es nuestra, y esta élite de vendepatrias, de cipayos
al servicio del capital sangriento que dice
que nos gobierna, no va a meternos miedo.
Los conocemos desde hace tiempo. Estos Gerentes
son los hijos y los sobrinos de los Generales,
que asesinaron a los familiares de numerosos
jóvenes que nos acompañan en esta protesta.
Entre ellos hay muchos hijos de desaparecidos.
Recuerdo bien esa época infame, porque yo
estuve en la patriada de los que luchaban
por la libertad, y supe del poder de fuego
de sus armas de exterminio,
gemas sangrientas, obsequio del Pentágono.

La resistencia de los pueblos
contra los amos imperialistas que nos explotan

es tan antigua como el continente Americano.
Producto somos de ese abuso incesante
y brutal del capital sobre el trabajo,
esclavo o libre, más esclavo que libre finalmente.
El capital paga el sudor del obrero con balas
y con hambre. En nuestra lucha, nosotros
nos civilizamos y aprendemos a ser libres,
mientras los patrones, esclavos de su inhumanidad,
buscan hundir al mundo en el terror y la barbarie.

Este poema aspira a ser esa escuela
donde los hijos aprendan un día de las luchas
de sus padres. Mis crónicas son barrocas
y melodramáticas, excesivas y desbordantes
como nuestra gente. Sus comparaciones
y metáforas dan ejemplos
de nuestro valor, de nuestra fe y coraje.

Llega la hora de terminar la patriada.
Vamos plegando con amor nuestras banderas.
Nos despedimos de esa viril torre marmórea
y catedral porteña, el Obelisco, blanquísimo

contra el fondo oscuro del cielo nocturno.
Testigo es del espíritu de lucha de sus hijos.
Empezamos poco a poco a desconcentrarnos
sobre la gran explanada de la 9 de Julio,
y la Avenida Corrientes, nerviosa de marquesinas
luminosas y teatros acogedores. Al fondo
de la Gran Avenida de nuestra independencia,
en el edificio del Ministerio de Obras Públicas,
se ve el mural azul y blanco, titilante de luces,
con el retrato gigante de la inmortal Evita,
custodio de los humildes.

Hormigas sigilosas, gritando a voz de cuello
nuestras consignas, prometemos volver,
horadar con nuestro trabajo
las leyes injustas con que nos aplastan
y nos anulan los crueles dueños del capital,
y ocupar las calles que son nuestras,
trazar nuevos caminos a la esperanza.
Exigimos justicia. Somos la caridad y la fe.
Nos vamos en silencio a nuestros hogares
empobrecidos, a comer
el pan amargo de la desdicha.

Pueda, amigos de la radio, La Boca
del Riachuelo, nuestra antigua República
de chapas, colorida y costumbrista,
a la que fiel regreso, pronto levantarse
de su postración de barrio marginado
(marginado, que no desheredado,
porque es heredero de los murales alegóricos
de Quinquela Martín, los tangos sentimentales
de Juan de Dios Filiberto, los textos morrudos
de Washington Cucurto y los poemas argentinos
de Alberto Julián Pérez),
víctima y testigo del abuso y el desprecio
que sufren en Argentina las sacrificadas masas
populares y, con todos los otros barrios,
sumarse al Gran Cacerolazo de la insurrección,
para fundar una República en libertad.

En Argentina necesitamos una nueva revolución:
la de los pobres contra los ricos,
la de los hijos contra los padres,
la de las mujeres contra los maridos tiránicos,
la de los débiles contra los fuertes opresores,
la de los poetas contra los malos políticos.

Qué nos queda a nosotros, los desvalidos,
los ignorados, jóvenes Adanes, sino alimentar
esa esperanza, y desear que, esta vez, las balas
de la oligarquía dirigidas al pueblo, erren
el blanco. Que reconozcan nuestra humanidad
queremos. Por nuestra parte prometemos,
que haremos que comprendan
y sientan lo que es la Patria.

La llevamos aquí en nuestros corazones,
tesoro espiritual, precioso tatuaje sin precio.
Parece una vieja verdad o una superstición,
pero, aquellos que la han sentido, saben
lo cerca de dios y de la vida que está la antigua
casa del Padre, nuestra Patria.
¿Cuándo empezó todo esto ?
¿Cuándo los héroes se volvieron villanos ?
¿Cuándo los libertadores se hicieron opresores?

¡Oligarcas, vendepatrias, asesinos !
¡Arrepiéntanse de sus crímenes!
Están a tiempo. Generales de Latinoamérica,

que han olvidado quién es el enemigo,
y han apuntado las armas contra sus ciudadanos;
oficiales criminales de la Armada
que lanzaron a las madres y a sus hijos al vacío
desde los aviones militares;
crueles torturadores de jóvenes estudiantes;
abogados vueltos policías, que persiguen al débil,
en lugar de protegerlo;
jueces de las cortes mediáticas de Justicia,
que montan el show a pedido de sus amos,
y crean cortinas de humo cómplice
para ocultar sus latrocinios; explotadores
racistas que pagan con nuestra sangre
intereses a sus patrones extranjeros;
nuevos gerentes de los capitales
de sus padres genocidas; terratenientes,
nietos de ladrones de tierras y asesinos
de indios; sepan que esta es también su Patria.

Somos el Pueblo, y aceptamos compartir
con Uds. nuestro país, aunque no lo merecen.
Bárbaros, cipayos, apátridas…

"Arrepiéntanse, únanse a la civilización

de los justos », clama la voz en el desierto.

Los pobres todo lo perdonamos, porque

somos nosotros, por voluntad de Dios,

la Verdad y la Vida, y les haremos un lugarcito,

aquí, en este fogón abierto,

junto al rescoldo tibio de nuestros corazones.

Muchacha cama adentro

El domingo, pasado el mediodía,
después de almorzar un buen bife argentino,
asado a punto, y regado
con un vaso de vino ordinario,
en un bodegón de La Boca,
mi barrio, no recomendable
para los espíritus finos,
me tomé el 130 rumbo a un sitio
poco frecuentado por mis vecinos:
el elegante distrito de Recoleta,
cuna de nuestra arrogante clase adinerada,
para visitar el Museo de Bellas Artes.

Hacia allí me llevó la curiosidad, bichito
que me picó por culpa de la crítica de arte
Laura Malosetti, a quien no conozco en persona,
pero a la que ya debo este poema,
y no sería injusto dedicárselo.

En un artículo en que habla sobre el cuadro
"Le lever de la bonne », « El despertar
de la criada », de Eduardo Sívori, pintor argentino
nacido en 1847 y muerto en 1918, dice,
para intrigar al lector, que fue pintado
para su exhibición en el Salón de París de 1887,
y que la fotografía que se tomó del mismo
en aquel entonces, demuestra que la obra
que hoy conocemos, expuesta en el Museo
de Bellas Artes, como parte de su colección
permanente, « presenta algunas diferencias"
y no es exactamente la misma
que se exhibió en París en 1887.

Motivado por la nota, quería ver la pintura
con mis propios ojos y tratar de entender
qué se escondía detrás de todo esto.
Yo ya admiraba un importantísimo cuadro
de Sívori, que había visto en el Museo
de Quinquela, en La Boca : « La mort
d´un paysan », o « La muerte de un
campesino », de 1888, que Don Benito
compró para su museo en 1938, y rebautizó

"La muerte del marino », integrándolo así
a la problemática del paisaje boquense.
Esa pintura trágica nos presenta a un hombre
pobrísimo en su lecho de muerte,
ante el dolor y el desconsuelo de su mujer
y sus hijas, que lloran, desesperadas
e impotentes. La dura escena golpea
al espectador. Al mirarla me sentí doblegado,
con el corazón grave, cargado de piedad.
Tanto nos intimida hoy el final de la vida
como en aquel pasado. Nuestra alma busca,
sedienta, la inmortalidad.

Llevé para releer en el 130 la novela
de Emile Zola, *L´ Assommoir, La taberna*,
de 1877. Esta obra célebre del gran francés,
creador del movimiento Naturalista,
fue la primera en denunciar con crudeza
las terribles condiciones de vida
de los trabajadores, bajo el gobierno reaccionario
de Napoleón Tercero. Zola afirmó
que había querido escribir « une oeuvre
de vérité…qui ne mente pas et qui ait

l´ odeur du peuple». Lo dijo para defenderse
de la crítica de sus enemigos, que ayer
como hoy abundan dondequiera, para
atacar a los grandes artistas de su tiempo.
Zola retrató la vida de los obreros
y de las mujeres pobres como nadie.
Sívori, que lo admiraba, vivía en esos años
en París, decidido a ser un pintor de peso,
y regresar victorioso a su país un día,
como efectivamente sucedió.

Bajé del colectivo frente al edificio
de la Facultad de Derecho, nuestro arrogante
Partenón. Al otro lado de la Avenida
estaba Plaza Francia, el corazón de Recoleta,
la privilegiada zona, hogar de nuestra
oligarquía, tantas veces enfrentada a su pueblo.
Allí vive la otra parte del país, en esta, nuestra
Argentina de hoy, dividida e irredenta.
No me gusta ir a territorio enemigo,
pero es que esta gente, que se cree dueña
de todo, se ha apropiado de nuestro arte,
no ha entendido que los artistas pertenecen

a su pueblo, aunque ellos no lo quieran.
Yo estaba allí, entonces, para reclamar,
como poeta, en nombre de los creadores
fervorosos de la plebe, nuestro derecho a ser,
a expresarnos, nuestra libertad,
que tantas veces nos negaron
estos esbirros del infierno.

Caminé hacia el edificio del Museo de Bellas Artes
y atravesé su pórtico de rojas columnas. Ansioso
como estaba por descubrir la verdad, fui
directamente a la sala de los pintores argentinos
del siglo XIX, y allí me detuve frente al soberbio
cuadro. Su título, « El despertar de la criada »,
no develaba el enigma central de la obra.
Una sensualidad natural, un erotismo
que sacudía las fibras íntimas del espectador
emanaba del cuerpo de la mujer. Había algo
que el forzado título encubría. ¿Habría sido
una solución de compromiso que tuvo
que adoptar nuestro pintor, falseando
la autenticidad de su arte, para defenderse
de los prejuicios y amenazas de ciertos grupos?

Las críticas destructivas y sus ataques tienen
que haber resultado una presión insostenible
para Sívori. Mucho dependen, por desgracia,
los artistas plásticos de sus patrones…

Sívori, el artista, amaba, como Zola, perderse
en los bajos fondos para observar la vida cautiva
y miserable de los más pobres. Vio desfilar ante él
a las obreras, las sirvientas, las prostitutas,
las madres solteras…seres marginales, sufrientes,
castigados…Una de esas mujeres, creo, aceptó
posar como su modelo. Había reconocido en ella
el espíritu, que necesita el artista para llegar
al alma dolida y buena, tierna y necesitada
de su personaje…La desnudó por fuera
y por dentro, y esa mujer fue toda las mujeres,
y su imagen fue símbolo de los crímenes
de una sociedad contra sus hijas indefensas…

Su cuadro recibió en Francia críticas negativas…
No podía ser de otra manera. La oligarquía
francesa no es mejor que la nuestra. Hermanos
en la explotación y el desprecio a su gente.

La pintura de Sívori muestra a una joven mujer,
sin ropas, en su cuarto. Está sentada sobre
su cama deshecha…Sus formas son abundantes,
sus pechos grandes y generosos. Sus pies
están deformados, son feos. Mira hacia abajo,
con tristeza. Tenemos la sensación de que algo
la avergüenza. Va a vestirse. Junto a la cama
observamos una mesa de luz, con una vela.
Medio rostro queda oculto en la penumbra.

Malosetti argumenta, en su documentado artículo,
que en la foto de la obra, tomada en París
durante la exhibición de 1887, no aparecía
en la mesa de noche el candelabro que vemos hoy.
En su lugar había una jarra grande y una palangana…
En la parte derecha del cuadro, sobre la pared,
en un área ahora oscurecida e invisible, había Sívori
pintado un estante que contenía « potes y artículos
de tocador ». Es evidente que la obra original
no era el retrato de una sirvienta, como declara,
engañosamente, su título contemporáneo, sino
el de una prostituta, o, quizá, como es común
en Buenos Aires, el de una sirvienta prostituida,

para entretenimiento del gorilaje cipayo.
Los que visitaron la exposición, escandalizados
por el tema, que unía la sexualidad con
la explotación y la pobreza, lo criticaron:
la hipócrita burguesía francesa
se sintió descubierta en sus oscuras prácticas
"higiénicas ». Censurado el tema, Sívori
comprendió que recibiría la misma crítica
en Buenos Aires. Se vio ante un difícil dilema.
Enfrentarse a los arrogantes y poderosos
patrones del arte y defender su libertad
de autor, o ceder antes las presiones…
Terminó sacrificando, lamentablemente,
su independencia de artista y lo transformó
en un cuadro pío: el de una triste sirvienta
que despierta en su lecho, temprano
por la mañana… Han quedado, felizmente
para nosotros, evidencias de la intención
original del pintor registradas en la escena.

Habría de reivindicarse de esa situación
humillante, con el cuadro que presentó
en el Salón de París al año siguiente,

"La mort d´un paysan », « La muerte
del campesino », que hoy albergamos felizmente
en La Boca, la casa del pueblo trabajador,
gracias a la generosidad y altruismo de ese
gran pionero del arte social que fue Don Benito
Quinquela Martín, quien lo compró
con su propio dinero para su museo.
En esa obra pudo expresar Eduardo Sívori
su sincero amor por los pobres y marginados,
y denunciar ante la sociedad
la desprotección de los humildes...

La escena central de «El amanecer de la sirvienta»
tiene lugar en el triste momento de la noche
en que las muchachas pobres ejercen el oficio,
y venden a los hombres pudientes la flor deseada
de su sexo. Tal como sucede hoy en los appart hotel
de Recoleta, barrio selecto, donde los traficantes
de putas ofrecen su mercancía más fina. La actitud
depresiva del personaje denunciaba la humillación
y el mal trato del que son víctimas las muchachas
prostituidas. A la oligarquía le gustaba ocultar
la « ropa sucia ». Expertos son en el oficio indigno

de maquillar, con mala fe, sus atropellos
y justificarlos como parte de sus « sanas
costumbres », encubriendo sus delitos
tras los relatos engañosos de sus crónicas sociales.

Conmovido quedé por el cuadro de Sívori,
nuestro primer gran pintor naturalista,
que no realista, como afirma mucha crítica
tibia y reaccionaria. Siguiendo a su maestro
Zola, buscaba decirnos algo
sobre la desprotección de las mujeres. Aún
en su versión de hoy, modificada y corregida,
víctima de la censura de los sabuesos del sistema,
sentimos la fuerza de su mirada cristiana
y compasiva. Sívori fue un artista comprometido
con su tiempo, al que la oligarquía del Ochenta
le torció la mano para justificar su liberalismo
adocenado. Admiraban a las élites francesas
y su visión racista de la "civilización",
tan en boga entre nosotros.
En el salón de París de 1887
los burgueses reaccionarios eran mayoría.

Sívori regresó de Francia y su cuadro causó
asombro y generó polémica en Buenos Aires.
Allí está hoy su testimonio en el corazón
de Recoleta. El pintor, resignado,
había modificado la temática de su obra.
A pesar de las alteraciones, el retrato
de la joven mujer había mantenido
la fuerza expresiva de su estilo renovador.
Cuando el arte es auténtico, su espíritu vive;
un aura inmaterial lo envuelve; nace de él
una conciencia nueva (¡cómo duele
la realidad « natural », triste y desoladora,
de la selva darwiniana!).

La sociedad carnívora sigue acosando
a los mismos sujetos: los más frágiles, los más
tiernos, los más débiles y sensibles. Los artistas,
intimidados, disfrazan sus sentimientos
para no ser perseguidos por los perros
del estado policial. Ellos no dejan hablar.
Silencian. Espían, censuran y reprimen.
El pensamiento no se expresa libremente

en un país donde castigan
y mienten al pueblo. Pobreza cero.

Saqué una foto del cuadro con mi teléfono
y me fui del museo. Llevaba conmigo
el testimonio de una sociedad tramposa
e infame. Había que reescribir la historia.
Los políticos de la Generación del Ochenta
se jactaban de ser miembros de una élite
progresista y liberal: mentira, fue una
generación cipaya, oportunista, vendida,
corrupta, tramposa, ladrona. Sívori era
mejor que muchos de sus contemporáneos:
no se dejó comprar por el canto del cisne
simbolista. Prefirió aprender de Zola,
descubrir el París marginal de los humildes,
codearse con sus hermanos anarquistas.
Por eso lo censuraron.

La tarde estaba hermosa. Crucé a Plaza Francia.
Ascendí la barranca hasta llegar a la entrada
del Cementerio, donde descansan grandes héroes
nacionales, como el Almirante Brown, nuestro

irlandés de hierro, y Facundo Quiroga (enterrado
de pie, listo a desenvainar la espada para defender
a su país), junto a muchos reaccionarios
vendepatrias (Sarmiento incluido) y a figuras
políticas luminosas, como la inmortal Evita.
También está allí su detractor, el General Aramburu,
que secuestró y mancilló su figura querida y pagó
con su vida la afrenta hecha al pueblo peronista
(¿podemos, mágicamente, robar un cuerpo
para hacer desaparecer su espíritu?
¡Ah, la ingenua maldad de los gorilas!).

Seguí mi camino. Atravesé la plaza y arribé
a La Biela, uno de los cafés históricos más lindos
de Buenos Aires. Me tenté y entré a tomar algo.
En el amplio salón vi, sentadas, junto a una mesa,
las esculturas de Bioy Casares y Borges, antiguos
clientes. ¿Qué hacían allí? Es cierto que Bioy
era hijo de una familia de oligarcas, y vivió
en el barrio, siempre de rentas, sin trabajar.
Así disfrutan de sus privilegios los descendientes
de nuestra oligarquía vacuna, que desheredó
a los herederos nativos de su tierra,

¡pero Borges, el escritor más destacado
de nuestra literatura nacional, allí, en Recoleta,
en medio del chetaje conservador de viejos
Generales retirados y gerentes de empresas
quebradas por sus dueños! Me pareció injusto…
Me dije que el gran viejo ciego no les pertenecía…
No quiso ser enterrado en su cementerio,
se fue a morir a Suiza, el país que lo acogió
con amor en su adolescencia. Sin embargo…
es cierto que aceptó dádivas de Aramburu,
el tirano golpista que enlutó nuestra Patria,
proscribió de las urnas a los trabajadores y pisoteó
la Constitución a gusto. Hizo nombrar a Borges
Director de la Biblioteca Nacional y profesor
de Literatura Inglesa en la UBA, títulos
que merecía, pero… ¿aceptarlos de manos
de un represor y genocida, asesino
de los obreros de José León Suárez,
sin decir una palabra? Viejo reaccionario…
quizá esté bien en La Biela… El pueblo,
sin embargo, es el verdadero dueño
y heredero de sus lúcidas historias

y de sus versos. Ya ni al mismo Borges
le pertenecen. Los artistas se deben a su gente.
La literatura y el mito viven en el pueblo.
El arte, como el agua, se decanta hacia abajo.

Frente a mí, sentado en una mesa, reconocí
a Juan José Sebrelli, ya muy viejito.
Iba siempre a ese café, me habían dicho.
El talentoso autor de *Buenos Aires, vida
cotidiana y alienación*, antiguo sartreano,
es hoy escritor pesimista y claudicante,
al servicio de aquellos que saben
cómo premiar a sus sirvientes letrados
(no debe el escritor dejar que le pongan
precio a su pluma; que nos guíe el amor
a nuestro destino, y no la vanidad del aplauso).

Y ahí estaba yo, testigo
de las dos Argentinas enfrentadas, que luchan
por apropiarse de la común memoria.
Resulta ejemplar que Recoleta albergue
en su seno, barrio de falsarios, avergonzados
de nuestra identidad, la pintura adulterada

de la pobre prostituta explotada, transformada
en sirvienta de ellos, siempre de ellos. Así
muestran el desprecio por el trabajo humano,
la arrogancia de su cuna reaccionaria.
Y que La Boca, el antiguo amparo de inmigrantes,
el señero abrigo de conventillos de chapa, guarde
y honre, en la casa de su hijo más dilecto,
la pintura del trabajador, campesino o marino,
abandonado en su lecho de muerte…

La herencia espiritual de la cultura estaba en juego,
y había ido a proteger lo que era mío. Que no enloden
la memoria de dolor y verdad de la gente
que valoraba y defendía eso que somos.
Que no alteren y deformen
nuestra historia con sus mentiras.

El arte, como la religión, llega, con su canto
de cisne, por igual, a explotadores y explotados.
Cajita de resonancia de todas las promesas,
es elevado altar de sueños patrios. En un mundo
sin profetas ni redentores, debe cada uno
velar por los que ama: que se levante el pueblo

y dé su vivo testimonio contra la apostasía
y el cinismo de los poderosos.

Salí caminando lentamente a tomar otra vez el 130,
para defenderme de tanta decadencia. La seda
olía mal en Recoleta. Volví a La Boca, mi barrio pobre,
donde los compañeros respiran a sus anchas.
No sólo de pan vive el hombre. La nación es fuerte
en su Bombonera. Aquí me regalo con la generosidad
de los míos, y puedo escuchar los tangos de Filiberto,
reconocerme en los murales de Quinquela, y unir
mi voz a las de los poetas amigos en FM Riachuelo.

Me despido entonces de Laura Malosetti,
que nos ayudó con sus sospechas a despejar
este misterio. Eduardo Sívori retrató la miseria,
que había descripto Emile Zola. No le era suficiente
la realidad del Realismo: fue más allá, buscó
en la experiencia humana una verdad profunda.
Nos mostró el alma del pobre con su dolor,
por dentro. Se vio reflejado en la desventura
del otro, como en un espejo. El fue, en su corazón
de pintor y poeta, la prostituta despreciada;

él, la sirvienta. Eduardo Sívori, el Naturalista,
es artista nuestro.

Pobre muchacha cama adentro, trabajadora
humillada... Esclavizada a tu lecho, carne fuiste
de suburbio, mancillada. Zola, en sus novelas,
se acercó a vos con compasión de hermano.
Sívori, enamorado de tu cuerpo, te acarició
con su pincel. En mi poema, te imagino, diosa
de hospital, hermana de Baudelaire. Ahora,
en Buenos Aires, eres nuestra,
guardamos tu exquisita carne en el artístico
retrato y con vos comulgamos en la misa
de los desamparados. Le lever de la prostituée.
Le lever de la bonne. Paris y nosotros.
Anarquismo y socialismo. Revolución y libertad.
Quedaste como prenda de nuestros comunes
destinos. Mi mirada descubre y decora
con pasión tu humildad. Que este poema
te devuelva a tu verdadera historia
y te haga justicia.

MURALES

Sábado a la noche, cumbia

El sábado a la noche, ya muy tarde,
a la hora en que salen en Buenos Aires
los espíritus inquietos,
fuimos con mi amigo Pancho
al bailable de Constitución
Radio Studio, el Gran Gigante,
uno de los clubes de música tropical
más afamados de la ciudad.
Allí se pueden escuchar
a las grandes estrellas de la cumbia,
a los reyes de la música grupera,
y hasta deleitarse con las selecciones afrodisíacas
del DJ y gran gurú Machu-K, considerado el mejor
por la muchedumbre que llena la enorme bailanta
los fines de semana. Pancho me había avisado
que esa noche cantaba la Princesita Karina,

una de mis artistas favoritas, por la dulzura de su voz
y su carisma, y no podía perdérmela.

Subimos a un colectivo en Caminito.
Atrás quedaron las flores del Riachuelo.
Atravesamos la Avenida Brown en La Boca;
nos internamos en San Telmo y, al llegar a Brasil
y Bernardo de Irigoyen, descendimos.
Era la entrada simbólica a Constitución, el barrio
así llamado en homenaje a nuestra Carta Magna.
Invocamos a la musa de Rodrigo,
solicitando su autorización nochera,
y nos pusimos a tararear "Amor de alquiler",
una de sus canciones más bellas:
"Amor de alquiler/ que no me reprochas
que tarde he llegado,/ amor de alquiler,/
tu nombre en mi piel lo llevo tatuado;/
amor de alquiler,/ no importa saber
con quien has estado,/
amor de alquiler,/ quisiera poder
morirme a tu lado!"

Pasamos por abajo de la opresiva autopista
elevada, sucia y gris arcada que afea
y denigra la antigua y libre traza urbana,
cicatriz de cemento que nos hizo sentir
la decadencia del Sur abandonado.
Fue obra de destrucción de la piqueta
del Intendente militar de facto Osvaldo Cacciatore,
de siniestro legado, durante los años setenta.

(El Brigadier tiene una importancia simbólica
en nuestra crónica: delirante Militar del Proceso,
enlutó a los argentinos con sus crímenes.
Su acción militar más recordada
fue la masacre de Plaza de Mayo, en 1955,
cuando bombardeó primero y luego ametralló
con su avión la Plaza y la Casa de Gobierno,
asesinando a 400 civiles indefensos.
En premio, la Junta Militar del Proceso
lo designó, 21 años después, Intendente en ejercicio
de Buenos Aires. La Autopista de Cacciatore
hoy conecta a Constitución
con el Campo de exterminio del Olimpo,
donde sus Comandantes amigos

continuaron su obra. Al final del Proceso
habían asesinado a 30.000 argentinos.
Después de pasar por el Olimpo
la autopista se pierde en el vacío,
en un gesto nihilista y suicida de odio
y de impotencia. Profundizó la grieta
y herida abierta, dolorosa,
que separa a las dos Argentinas:
la Argentina de la oligarquía y sus aliados cómplices,
nacionales e internacionales,
de la Argentina del pueblo de Perón y Evita,
trabajador y obrero.)

Se extendía frente a nosotros
la enorme Plaza de Constitución,
la antigua Playa de las Carretas,
a cuyo mercado antaño llegaban los frutos
de la agreste y romántica pampa,
junto a los acentos y cantos
de sus gauchos y troperos.
Atravesamos la Estación de Trenes,
ampliada casa de la vieja Estación del Sud,
exquisita joya de la arquitectura pública

de estilo francés, diseñada, paradójicamente,
por un arquitecto inglés
y otro norteamericano (entre ellos se entienden),
a fines del siglo XIX.

Nos internamos, dichosos, sintiendo ya
la pasión del malevaje, por las calles vecinas,
con sus coloridos negocios de ropa barata,
sus piringundines al 2 x 1
y sus torvas pizerías, frecuentadas
por la gente menuda, que busca algo lindo
y barato que ponerse, y por las putas
y travestis que, mientras se prueban
la ropa de moda,
o comen una porción con doble musarela,
ofrecen sus servicios.

Dejamos atrás esas calles. Nos dispusimos
a entrar de una vez por todas
en un terreno más espiritual y firme:
el de la caliente ternura y el perfume animal
de la noche del sábado.
Nos dirigimos al baile. Pronto sentiríamos

la esencia de las lindas chirusas

bañadas en colonia

y el aura de los varones que exhalaban

su fragancia de hormonas.

Llegamos a la magia de Radio Studio,

el gran salón de música tropical,

en la esquina de Salta y O´Brien,

que nos recibió con su fachada

de luces fluorescentes, que reproducen,

en múltiples y llamativos colores,

las líneas estilizadas del Partenón griego.

Entramos al local, repleto, a esa hora,

de bellas chicas engalanadas,

que exhibían sus pechos jóvenes y generosos

por los amplios escotes de sus vestidos

de tela satinada y brillante. Subidas

a sus altísimos tacones, como para espiar

por la ventana del mundo, felices, rientes,

pícaras, miraban, curiosas, de reojo,

a los muchachos vecinos, y, cuando se descuidaban,

bajaban la vista, inadvertidas, para auscultar

el bulto de sus entrepiernas. Estos,

listos para lo que sea,
estaban dispuestos siempre a abrirles bien
el bolsillo, y comprarles muchas cervezas rubias
a cambio de un simple beso.

Era la primera vez que yo venía
a esta popular bailanta,
con la intención confesa
de escribir un poema o pintar un fresco.
No podía ser que me perdiera la noche
de esta encendida barriada
por estar entrometiéndome, indebidamente,
en mis traviesas incursiones nocturnas,
en las discotecas de los acomplejados snobs
del mediopelo porteño, que celebran
a sus artistas de rock neobarroso,
imitadores envidiosos y serviles
del talento extranjero,
y tienen a menos el arte de su pueblo.

Los pobres de las bailantas de Constitución
son buenos de corazón, hijos
de esa tutora severa, la miseria,

compañera egoísta, tantas veces
madrastra de los poetas.

Para mi amigo Pancho, paraguayo, de Caacupé,
la patria de la virgen, yo era un blanquito curioso,
aficionado, que metía la nariz en todos lados,
pero me perdonaba, porque le gustaba mi poesía
melodramática y sabía que de esta visita
saldría un poema popular y cumbiero,
del que estaría orgullosa toda La Boca,
nuestro barrio. Llevaría las luces de Constitución
a la Ribera, y le devolvería al pueblo
lo que es del pueblo, dándoles por el culo a los ricos
y a la ridícula oligarquía de opereta
que nos gobierna. Me hizo prometer
por el Gauchito Gil, nuestro santo,
que lo incluiría en el poema. Por supuesto
que lo haré, y aquí cumplo. Pancho
es un buen amigo y me está enseñando
a hablar en Guaraní, un antiguo deseo mío,
que nací en Rosario, en el pecho del gran Río,
por el que desciende, con el rumor de sus aguas,
la melopea autóctona de esa lengua sincopada.

Ya había aprendido que Dios se dice « Tupá »,
sol « Kuaray », amor « ayhn », y yo soy « Ché ha'e ».
Estaba memorizando además la preciosa canción
"Paloma blanca » (ya sabía la primera estrofa)
del gran compositor paraguayo Neneco Norton,
que dice : « Amanóta de quebranto/ guayrami
jaula pe guáicha/ porque ndarakói consuelo/
mi linda paloma blanca".

Vimos un lugarcito libre a un lado de la barra,
lugar preferido de los tímidos,
cerca de donde hacían cola las chicas
buscando su cerveza o su fernet con coca,
y hacia allí fuimos. Pasamos la región
de los acaramelados galanes, que ofrecían
en esos momentos a sus enamoradas
el corazón en llamas. La cumbia sonaba,
heterodoxa pero sincera. El DJ
combinaba ritmos villeros con música
cuartetera, en un contrapunto movido,
y en la pista bailaban las parejas,
sacudiendo el cansancio acumulado en la semana.
Me sentía más contento que gaucho

en el gallinero del Colón, viendo el *Fausto*
de Gounod, o que pituco porteño
yendo a curiosear donde no le corresponde
(¡ah, la curiosidad, madre de todos los vicios!).
Así, aprendiendo, aprendiendo,
los argentinos llegamos lejos
y somos un pueblo, aunque pobre, feliz.

El lugar se había llenado
y estaban las humanidades aliento con aliento,
casi nos besábamos de tan cerca.
Al DJ Machu-K le siguió el Grupo Furia,
de Berazategui, y un conjunto de chicha andina,
Markahuasi, llegado directamente del Perú,
para los jóvenes de todas las naciones
hermanas que danzaban codo con codo.
Se había armado bien el baile, como se dice.
La Princesita Karina, sol nocturno,
diosa de caderas sensuales, iba a entrar más tarde,
como a las dos de la mañana,
porque ninguna fiesta bailantera
amaina antes de las cuatro,
y la música sigue en la pista

hasta las cinco. Después de esa hora
empieza a llegar la gente que amanece,
los ebrios de crack y marihuana,
que se tienden en sus sillones
para dormir su cumbia.
Radio Studio está siempre abierto,
las 24 horas, para los nostálgicos,
los desesperados y los que se refugian
en la noche de Constitución
con el diablo en el cuerpo.

Antes del show de la Princesita,
y para que entráramos en calor,
presentaron un show de danza.
Apareció en el escenario una chica preciosa,
en bikini. Tenía unas tetas increíbles.
Sonó la música envolvente
y un spot de luz cálida la enfocó.
Se trepó a un caño, colocado
en el centro de la escena,
como una serpiente lúbrica.
Se pasaba la lengua por los labios,
provocando a los mirones excitados.

Muchas parejitas que estaban en la pista
se acercaron a mirar.
Las muchachitas se apretaban a los chicos,
a ver qué les tocaba a ellas. Los donjuanes
acariciaban a sus hembritas,
mientras se relamían de goce
con la diosa del caño,
que había estudiado
en una academia del rubro
y tenía un cuerpo de gimnasta profesional.
Sus formas contorneadas
eran una versión perfecta de Venus,
acompañada de leopardos agazapados y todo,
y seguida a su partida por una fuga de palomas.
Luego vino el número de la jaula:
se introdujo en ella una muchacha
y la elevaron sobre la escena.
Al ritmo de una cumbia lenta, moviéndose
sensualmente, se fue quitando las ropas
hasta dejar su jugoso cuerpo al desnudo.
La siguió un strip-tease masculino :
un pato vica se fue desnudando

ante el griterío poco recatado
de la asistencia femenina. Ya estaban
todos mojaditos con semejante espectáculo,
calientes a más no poder,
y allí arrancó el perreo. El DJ
puso cumbia dura y regatón villero.
Los muchachos, en la pista de baile,
se les acomodaban a las chicas entre las piernas
y les daban hacia atrás y adelante,
con una furia sexual encadenada
a la situación febril. Las chicas se venían
con los ojitos cerrados como si nada,
todos de acuerdo en pasarla lo mejor posible,
en gozar, el sábado a la noche.
Necesitaban descargar la angustia
acumulada en la semana.
Era un baile liberador, salvador.
Entre tragos y mamadas,
chupaditas y deditos en la raja,
sentían que les regresaba
el alma al cuerpo. Esa era vida,
tiene derecho a divertirse el pueblo,

a cada uno lo suyo. Después, ya preparada
y más calma la platea, llegó Karina,
la Princesita, la rubia diosa bailantera.
Para entonces, ya todos se habían venido,
y abrazadito cada uno a lo que le corresponde,
se dispusieron a escuchar sus canciones románticas
y corear felices los estribillos.

Trajo en su cuerpo y en su baile
toda la felicidad que esperábamos.
Vestida de falda negra ajustada y camisa roja,
contorneaba sus caderas dulcemente
mientras desgranaba sus canciones,
acompañada por la sabia música de su banda.
Atacó, entre otros bellos temas, « Miénteme »,
"Te llevo conmigo », « Procuro olvidarte ».
La multitud de fans explotó
cuando empezó a cantar « Corazón mentiroso » :
"Mentiroso, corazón mentiroso,/
no tienes perdón, estás muy loco,/
mentiroso, corazón mentiroso,/
te vas a arrepentir cuando esté con otro. »
Todos tarareábamos y cantábamos

y levantábamos los brazos,

¡manos arriba, manos arriba!,

para seguir el compás de la música,

como en un gran himno telúrico

de sábado a la noche,

en este club de Constitución, Radio Studio,

bien llamado el Gigante, muy cerca

de la Estación de los Trenes del Sur,

de donde parten las almas perdidas

que van del calor al frío.

Mi canción favorita, ya para el recuerdo,

fue "Procuro olvidarte",

del gran compositor Manuel Alejandro,

en la versión dulce y acompasada,

de arrastre cumbiero, de Karina. Lo orgulloso

que estaría el Kun Agüero, su novio,

el gran jugador de fútbol del Manchester City,

si pudiera verla esta noche, tan dueña de sí,

en el escenario, regalando gracia y talento.

Pero no pudo venir, tenía partido

en la anciana Inglaterra, nuestra antigua abuela

imperial, tan lejos del mundo de la pobreza porteña.

"Procuro olvidarte,/ siguiendo la ruta
de un pájaro herido", cantaba Karina,
"procuro alejarme,/ de aquellos lugares
donde nos quisimos/ me enredo en amores/
sin ganas ni fuerzas por ver si te olvido/
y llega la noche
y de nuevo comprendo que te necesito."

El desconsuelo del magno Alejandro nos envolvió
y nos dejamos acariciar
por la suavidad de su lirismo,
transformado en lento fuego
en este barrio popular de Buenos Aires.
Aquí, toda la Latinoamérica que sufre y trabaja,
canta. Mastica el rencor y el resentimiento
acumulado durante la semana
al ritmo liberador de la música nuestra:
cumbia negra, cumbia colombiana y argentina,
cumbia proletaria, cumbia del pueblo,
y se limpia de la música falsa y efervescente
de la otra Argentina: el rock servil de importación
de las clases medias racistas y alcahuetas.

¡Qué rápido pasaba el tiempo!

¡Ojalá corriera así durante la semana,

cuando los pobres trabajamos por monedas,

para abonar las cuentas de los ricos

con nuestra subestimada sangre proletaria!

Durante la semana el tiempo no pasa nunca.

El fin de semana parece que no viene,

pero finalmente un día, gracias a dios,

llega el sábado a la noche, y se puede ir al baile

y ser libre por un rato. Guardamos luego

la llamita de ese instante de goce

como un tesoro preciado, viviente, en el corazón.

Así nos divertimos los hijos de esta otra Argentina,

despreciada por los ricos: los excluidos,

los negros de mierda, los grasas, los cabecitas.

Somos los bárbaros de Perón, los bárbaros de Rosas.

Así nos llaman esos civilizados

que trabajan al servicio del Pentágono

y las multinacionales, esos que venden al país

por cuatro pesos, y se llenan la boca hablando en inglés

para sus amos. Libres somos nosotros

de defender la patria,

ante esos cipayos que nos ponen precio,
como a viles esclavos.

El show de Karina en el Gran Gigante
de Constitución ya terminaba.
Se habían hecho las cuatro de la mañana,
y empezamos a despedirnos, abrazarnos
y llevar nuestras preciosas conquistas,
botín de seductor, con visto bueno
y consentimiento de la hembra, hacia la salida.

Yo también bailé esa noche
con una morochita de Villa Soldati
que daba gusto, tanta bondad y formas generosas,
y hasta me tomé mis cervezas.
Así que lo que escribo
está salpicado del gusto de los besos y de la alegría
de la cumbia villera. ¿Me escuchás lector amigo?
Te hablo desde yo no sé donde. El mensaje es la vida.
Confluyen en él las voces de conversaciones cercanas
y metáforas fraternas de versos consentidos.
Lo que entiendo y lo que no entiendo del mundo
que nos rodea. Un día hablaremos con dios

y no sabemos qué va a decirnos.

Constitución Nacional es nuestra carta de identidad,
el barrio en que se unen los pobres argentinos
a los pobres de todas las naciones. Hasta aquí
han venido muchos de la mano de Nanderuguasú,
el gran padre, y hasta aquí abrazados llegaron
los hermanos andinos del Khunuqullu y el Anti.
Bienvenidos sean.

A la salida del baile nos esperaban,
con sus manjares listos,
los vendedores de chipá y sopa paraguaya,
anticucho paceño y caldo fuerte de ají
para quitarse la borrachera,
y allí estaba también el vendedor criollo
de nuestros choripanes, asaditos al carbón.
Salían los jóvenes del baile
hartos de cerveza a comerse un chori,
o pedían un anticucho de corazón,
o un chipá guazú para llenarse la panza,
y se iban después mansitos a mear en la calle
junto a los contenedores de basura.
Empezaron a llegar los muchachos

que venían de las bailantas cercanas,
"Mbareté Bronco » y « Mburukujá »,
allí estábamos los argentinos pobres
junto a los pobres peruanos y paraguayos,
y a los bolivianos pobres de Buenos Aires.
Nos acompañaba la preciada y sentida concurrencia
de chicas bailanteras, con sus coloridas faldas cortas
y remeras escotadas, dispuestas a ir a casa,
solas o acompañadas.
Los trabajadores somos solidarios,
siempre nos hacemos un lugarcito
para pasar la noche
y amanecer en brazos del amor.
Es que vivir así vale la pena.

Ya cumplida mi misión de curioso,
me despedí de la fiesta. Mi morochita
se fue con su hermana a su casa
en Villa Soldati. A Pancho ya no lo vi,
estaría ocupado el muy seductor.
Enfilé hacia la Ribera. De pronto vinieron
a mi mente los versos de la cumbia
del Potro Rodrigo, « Cabecita »,

mechados de magnífica compasión,

y me puse a cantar bajito, mientras atravesaba

la avenida bajo la autopista nefasta

del Brigadier Cacciatore, a esa hora tapizada

de borrachos y vagabundos:

"Ella se fue de su pueblo/ a buscar trabajo,

allá en la ciudad/

ahora está lejos de casa,/dejó las muñecas,/

llora su mamá./

Y en esta jungla de cemento/

que a ella la trajo a buscar trabajo/

esa muchacha por horas/

hoy es la gran cita/ de otro cabecita."

Se me hicieron presentes

muchos momentos espectaculares del baile

- las luces, el erotismo, el goce de la gente -

y en mi mente, mientras caminaba

por Brasil hacia La Boca,

fui imaginando como sería este poema-ómnibus,

qué diría en él, a quién le rendiría homenaje.

Somos una comunidad viva, un sujeto plural.

Este es el poema donde la Argentina de barro

enseña su vulnerada humanidad
y la fuerza de su amor.
Del otro lado, tras un invisible y reconocido
muro simbólico, está la otra Argentina,
la de los ricos grotescos, gorilas imitadores
de los rapaces explotadores asesinos
que han saqueado al mundo.

Llegué a Parque Lezama, frontera sur de San Telmo,
antigua atalaya contra invasores y filibusteros,
que preside, desde su alta barranca,
las tierras bajas de la República de La Boca,
donde habita mi gente,
y observé con deleite el viboreo descendente
de la avenida Brown, que bordea la Casa histórica
del heroico irlandés, y las luces azules y amarillas
de la Cancha de Boca,
que brillaban a lo lejos, siemprevivas.

Allí me quedé un rato,
hasta que empezó a amanecer
y me sentí feliz. Agradecí a Dios
el haber nacido poeta artífice,

heredero privilegiado del alma
de la lengua, y le pedí
que me diera inspiración
para retratar con justicia
el alma generosa de mi pueblo.

Quiero unir en mi crónica la poesía,
con la historia de mi gente
y sus luchas políticas,
el canto cumbiero de los pobres de hoy
con el alma rimada que heredamos
de los gauchos de la tierra.
Podemos así fundar la nueva Argentina,
contra el racismo de las clases medias,
contra el elitismo de los privilegiados,
contra la explotación despiadada de los ricos,
contra el materialismo sin espíritu de nuestro tiempo.
La Argentina fraterna de los gauchos de corazón
y de las masas libres, manumisas, del mañana.

Túva-ysyry, Taita-ysyry,
padre río, padre de las aguas,
escucha nuestros sentidos ruegos

desde el alma del Riachuelo que canta,
desde nuestro barrio obrero
que con su poesía resiste
en el Estuario del Plata;
Jesús nuestro, hijo de Dios,
con el corazón te llamamos, pecadores;
somos tus ichtus, tus peces, danos la paz,
y perdona nuestras deudas como nosotros
perdonamos a nuestros deudores.

El partido del domingo

En mi país, los fines de semana,
hombres y mujeres, jóvenes y viejos,
amantes del azar, puesta la fe en el juego,
unidos nos congregamos ante el televisor,
privilegiado escenario de ilusiones y miedos,
a mirar nuestro programa favorito:
"Fútbol para todos".

Sin ser el más fanático de los hinchas,
o el más fervoroso de los creyentes,
reconozco que este deporte inspirado,
lucha ferviente de pasiones para muchos,
fiesta de colores y banderas para otros,
ha sabido conquistar el corazón del pueblo.

La semana pasada nos juntamos en la Ribera,
cerca de Caminito, en casa de un amigo,
para mirar el partido de Independiente

y Boca, ilustres clubes, rivales clásicos
del sur bonaerense. Éramos un grupo fraterno
de diestros escribas, esforzados poetas,
amantes de la expresión cuidada, la imagen
artesanal y los tonos prosaicos de la lengua.

Mientras esperábamos que comenzara
el partido, hablábamos del fútbol de hoy
y de su estrella, astro brillante,
y de nuestro mundo, intenso y soñado, la poesía.
Este domingo nos había traído Baco un rico tesoro
y amenizábamos nuestra charla con copas
de vino tinto. Pusimos a calentar en el horno
las empanadas salteñas, dulces y jugosas.
Era un ágape perfecto. Nos sentíamos felices
como poetas griegos en vísperas de una gran
carrera. Tal vez más tarde, imitando a Píndaro,
uno de nosotros compondría una ingeniosa oda
a nuestro equipo favorito.

Los arduos rivales salieron a la cancha.
Sonó el silbato y comenzó el partido.

Los jugadores de Boca se pasaban, precisos,
la pelota y corrían, azules y veloces, por el
campo verde. Los de Independiente, encendidos,
los contenían, y valientes, contraatacaban.

Parecían figuritas de colores sobre un tablero
encantado, animando una contienda
de blasones enemigos. Ágiles,
se desplegaban por el terreno de juego
como en la coreografía de una danza.

Los equipos mostraban su fuerza y su garra.
Aquí, en Argentina, jugamos al pelotazo.
El fútbol nuestro es un arte barroca.
Somos el potrero del mundo.
El estilo criollo se expresa en el amague
y la gambeta, el tiro en profundidad
y el pase sesgado, la corrida espectacular
y la rodada dramática.

Dije a mis amigos que los poetas
en ciertas cosas nos semejábamos a esos

eximios atletas, combatientes también nosotros
en la pugna entre el ego y el mundo,
la realidad y los deseos. Sabíamos,
como esos héroes, vivir con intensidad
nuestro arte,
ser apasionados, darnos sin retaceos,
expresar con valentía los anhelos, levantar
un estandarte y defender nuestros colores.
Casi siempre nos identificábamos con un "club"
o con un grupo; creíamos, para bien o para mal,
en nuestras ideas, y exhibíamos el dolor
y la felicidad en nuestros versos.

Yo quería escribir, les dije, una poesía arriesgada,
sincera; me horrorizaba la poesía domesticada,
segura, impersonal, que cultivaban muchos poetas
para deleitar a los puristas. Buscaba crear
una metáfora inteligente, comprometida,
llena de fuerza plástica, como la gambeta,
que me condujera en su desplazamiento
irresistible al gol.

Les conté el sueño que había tenido
la noche anterior. Carlitos Tévez,
el gran delantero de Boca, jugaba, adolescente,
vestido de blanco, un partido de fútbol
en el potrero de Fuerte Apache.
Pasaba el tiempo y su equipo no lograba
ganar. Bajó del cielo una paloma nívea
envuelta en luz dorada y se detuvo,
aleteando, sobre el campo de juego.
Traía un laurel verde en su pico.
Los muchachos, fascinados, interrumpieron
el partido. El Apache sintió que el ave lo llamaba.
Una fuerza desconocida lo elevó. La paloma
comenzó a volar por encima de las torres
hacinadas de nuestra villa miseria de altura.
Carlitos la siguió por el cielo como si nada.
El público del barrio, sorprendido, le pedía
que bajara, pero él no escuchaba bien.
Les hacía señas de que gritaran más fuerte.
La paloma fue hacia él y lo envolvió
en su luz. Tévez, iluminado, descendió

al terreno de juego. Llevaba una ramita
de laurel en su mano. El Apache corrió
con la pelota, pateó con fuerza e hizo
el gol de oro. El balón entró, fosforescente,
en el arco contrario. Me pareció que ese sueño
era un signo divino premonitorio. El dios
del fútbol trataba de decirnos algo
a nosotros, sus creyentes.

En la poesía, como en el juego, aseguró
convencido alguien, los milagros cuentan.
El nuestro, queridos poetas, es el partido
del espíritu, argumentó otro. Es por eso
que hace falta el ritual, intervine yo:
los oráculos, los rezos, el asado,
y cada tanto un picadito entre amigos.

Terminó el primer tiempo. El partido
iba 0 a 0. Había llegado la hora de comer
las jugosas empanadas. Las sacamos del horno,
calentitas. Fraternos, nos las repartimos.
Las empanadas de carne son el alimento

consagrado de nuestra patria criolla.
Servimos vino tinto y levantamos las copas.
Brindamos – democráticamente – por
el mejor equipo. Yo aproveché el momento
y pregunté a mis amigos: ¿Para Uds.,
quién es mejor poeta en el juego de la poesía?
¿Darío o Martí?¿Neruda o Vallejo? ¿Cardenal
o Paz? ¿A quién le asignan más puntos
en este campeonato?

(En Argentina la poesía es tan esencial
como el fútbol, y si no…
¡pregúntenle a los hinchas de Boca!)

Cada uno dio su respuesta. A mi turno
yo contesté: prefería Martí a Darío, les dije,
aunque era consciente que el vate nicaragüense
era nuestro poeta más completo; el Apóstol
de Cuba, sin embargo, era el soldado de la poesía
y nos había enseñado a dar la vida por nuestras ideas.
Prefería Vallejo a Neruda, porque el cholo inmortal
había escrito con su alma andina y había puesto

el corazón en el lenguaje balbuciente de la tierra;
Cardenal a Paz, por su compasión cristiana,
y su amor y lealtad a los oprimidos y a los olvidados.

Existe, a mi criterio, una poesía histórica y una poesía
nueva. Debe cada uno pensar para qué equipo juega.
¿Sos neobarroso o coloquial? ¿Exquisito o realista?
¿Burgués o maldito? ¿Colonizado o Revolucionario?

Quisiéramos poder renovar con fervor la poesía
y que el pueblo se reconozca, generoso,
en nuestros versos.

La poesía es el ritual máximo de las letras,
la escalera de oro que nos lleva al cielo.
El premio: la vida eterna del poeta
en el paraíso de los justos de nuestra lengua.

Empezó el segundo tiempo. Volvimos al partido.
Había que desnudar la verdad y demostrar
al enemigo quién merecía estar más cerca
de dios y de sus ángeles en el estadio estelar.
La sed de gol los dominaba. Los jugadores

se esforzaban por controlar el área
del equipo rival y gritar un tanto. Perseguían,
tenaces, al que tenía la pelota. Lo trababan
y rodaban con él por la verde grama.
Veloces, se levantaban y seguían corriendo.
Lanzaban un córner. El balón trazaba
en el aire una curva perfecta y descendía
frente al arco, tentador e inocente.
Los jugadores, bailarines de pies ligeros,
con vehemencia se contorsionaban
para dar el gran salto, cabecear y vencer
al portero. Lo intentaban una y otra vez,
sin resultado. El tiempo, moroso,
transcurría, verdugo de las esperanzas
de la popular y la platea, y de las ilusiones
del público televidente.

Ya empezaban a sentir cansancio nuestros
gladiadores. Mostraban, ante el rival,
su impaciencia y nerviosismo. ¿Quién ganaría
la emblemática contienda de los barrios porteños?
¿Los rojos de Avellaneda o el equipo de la Ribera?

Finalmente, en el último minuto, llegó el esperado
gol de Tévez, Gloria de Fuerte Apache, Heraldo
de la Bombonera, y la mitad más uno del país
se puso de pie (¡pobre Independiente!).
El partido terminó como deseábamos,
con el triunfo de Boca.
¡Qué larga y tortuosa había sido la espera!

Emocionados, nos abrazamos los poetas.
Sentíamos la pasión y el amor de las banderas.
Éramos, también nosotros, parte de esa hinchada
que ovacionaba a Boca (en el barrio los pasantes
hacían sonar las bocinas de sus autos,
se escuchaban los vivas de los vecinos
que estaban en las calles).

El mundo del fútbol, fervor de multitudes,
dije a mis amigos, no estaba hecho de palabras
como la poesía, pero, igual que en nuestros versos,
abundaban en él los símbolos. Tenía su gramática
y sus reglas, sus expresivas gambetas
y sus circunloquios de potrero, sus corridas
líricas y rítmicas intensidades,

sus estilizadas elipsis frente al arco,
sus jugadas preferidas y temas favoritos,
sus creencias, su historia, sus héroes
y sus mitos. Era un deporte que admitía,
como el arte verbal,
lecturas e interpretaciones diversas.

Contentos y exaltados por el triunfo,
los poetas levantamos las copas y brindamos
por Boca Juniors y por César Vallejo.
Había concluido el ágape del domingo.
Dichosos, nos dispusimos a dejar
el hogar amigo donde habíamos compartido
el calor del alimento, el fuego patrio del vino
y el alegórico culto del fútbol, y nos despedimos,
con abrazos y largos apretones de mano.
Se sucedieron las bromas y las expresiones
de deseo, y las burlas a nuestros versos, pobres
frente al universo repleto de sentido.

Fortalecido por la camaradería y la poesía
(y por el triunfo, amigo de los rapsodas),
me alejé del barrio multicolor de chapas

del maestro Quinquela, el viejo puerto,

y por la Avenida Brown regresé

a mi pobre pensión de San Telmo,

en la antigua casa que fuera de Fray Mocho,

por encima del bar "La poesía",

donde, día a día, monje azul y artífice,

esculpo y cincelo mis versos

y elevo a la memoria de la lengua

una pirámide de palabras y de sueños.

CANTOS CRUELES

Los suicidas

1

Estábamos en el país de la vida.
La poesía era nuestro refugio.
Perseguíamos el mutuo goce con desesperación.
Éramos crueles y después nos avergonzábamos
de nuestros juegos de amantes terribles.

No se trataba tan solo de ser felices
sino de arriesgar y perdernos
y gozar intensamente en la caída.

Buscábamos sensaciones extremas
y descendíamos, afiebrados,
a la intensidad del orgasmo.

Tejíamos nuestra guirnalda de secretos.
Llevados por el alcohol y el éxtasis
viajábamos a paraísos imaginarios.

Deseábamos estar ya en ese otro mundo
parecido a aquel poema nuestro
en que creábamos imágenes exaltadas y atroces,
metáforas dolorosas del amor.

Lamentábamos nuestro exilio
y sentíamos miedo y aún terror.
Nos mirábamos en el cristal de nuestros sueños
a ver si descubríamos el secreto de la locura.

Salíamos a caminar por la ciudad
llevados por la ansiedad y la angustia.
Jugábamos con la idea del fin.
Imaginábamos bellas formas del suicidio.

¿Qué tipo de muerte era más patética?
¿Quizás el veneno, como Romeo y Julieta?
¿O un balazo en un cuarto de hotel
como Enrique y Delmira Agustini?

Sabíamos del vértigo, la velocidad,
que mueve a nuestro tiempo.
Soñábamos con una avalancha de amor
y la liberación de los sentidos.

Creíamos en la muerte violenta
que sella con sangre
el pacto final de los amantes.

Un día nos detuvimos en la barrera del tren
con la idea de arrojarnos.
Juramos así coronar nuestro amor
ofreciendo los maderos de la cruz
al hierro de los clavos.

Aún recuerdo el vértigo
cuando pasó el tren
a centímetros de nuestros cuerpos
y nos abrazamos palpitantes
creyendo que quizá el otro se animara
a dar el salto final, unidos.

Queríamos escapar del vacío de la existencia
para salvar el amor y la juventud.
Defendíamos nuestros símbolos:
el placer, el deseo del otro y la poesía.
Buscábamos la eternidad y el martirio.
No aceptábamos vivir sin heroísmo.

Recuerdo aquel día en que estábamos
desnudos en tu cuarto cerca del goce,
casi sofocados por el esfuerzo,
cuando de pronto, terrenal y ridícula,
se abrió la puerta y entró tu madre.
Recuerdo nuestra sorpresa y tu declaración
solemne: "No vamos a casarnos".

Cómo nos reímos de eso luego,
y claro que no podíamos casarnos.

Queríamos descender por la noche
a los túneles subterráneos de Buenos Aires
y descubrir lo más monstruoso, lo más abyecto.

Queríamos matar la mediocridad
que destruye lo sagrado, que odia a dios.

Queríamos pasearnos por las cloacas
de la eternidad y ver caídos a nuestros
hermanos, los ángeles. Sabíamos
que lo más elevado y lo más bajo
se unen en el corazón de los amantes.

No hay amor ni poesía sin ritual.
Había que encender los altares del sacrificio.

¿Cómo separar al amor, del mal y de la muerte?
¿Cómo renunciar al egoísmo, que todo lo salva,
y sin el cual la vida no es posible?

Perdidos en nuestro laberinto, tratábamos
de lacerar el espacio que nos circundaba
y abrirlo con nuestro sexo.
Buscábamos someter la ciudad, poseerla,
degradarla, corromperla y amarla.
Queríamos un amor bello y terrible
que se pareciera a nosotros.
No aceptábamos falsificaciones ni substitutos.

¿Cómo podíamos casarnos
y abandonar nuestra rebeldía,
nuestro amor a la revolución universal?
Buscábamos consagrar el mundo,
no reproducirlo. Buscábamos ser los únicos
y los últimos, y no dejar en el tiempo
a nadie que se nos pareciera.

Queríamos ser inmortales
y cortar el ciclo de la vida y de la muerte.

Queríamos que nuestro poema
fuera el último
antes que la vida estallara en la eternidad
y nos integráramos al sol
o a las estrellas de la noche.

Queríamos imponer nuestra ley
y desafiar a todos. Nos burlábamos
de la sociedad adquisitiva y vulgar
que nos rodeaba. La juzgábamos
con desprecio porque nos creíamos
más allá de todo eso. Queríamos elevarnos
al momento más sublime de la poesía
y confundirnos con los símbolos
de la totalidad deseada.

Éramos los rebeldes, los amantes,
a nada le temíamos.

Ese fue el momento más cercano
a la inmortalidad que conocimos.

Recuerdo una noche en que nos inyectamos

ácido y rezamos nuestra locura de amor

a las estrellas. Recuerdo aquel sueño tuyo,

en que cabalgabas en un río que descendía

al abismo, te llevaba a lo más sagrado

del orgasmo y te lanzaba en una lluvia

de estrellas a la mañana.

Soñábamos con estar muertos

y contemplar el universo

desde el paraíso inmortal de los amantes.

Queríamos asimilar la vida a nuestro goce

y ser crueles como ella es cruel.

Sentíamos la burla y la condena de los otros

y eso nos gustaba. Nos lastimaban

con su mezquindad. ¿Quién podía comprendernos?

¿Quién podía saltar al abismo de la poesía?

Secretamente sabíamos, sin embargo,

que errábamos, indefensos, por un laberinto

del que no podíamos escapar. Sólo la ilusión

de las metáforas y los símbolos que trascienden

los límites del cuerpo

podían darnos una sensación de eternidad.

ll

El tiempo, mortal, ha pasado

y de todos aquellos momentos

sublimes del amor

solo han quedado los recuerdos.

Lo que se ha ido es la verdad vivida,

la ligereza del cuerpo,

la solidez del lenguaje.

Así guardo esta carencia,

esta gran ausencia que crece día a día

y es ausencia de amor

y ausencia de poesía.

Siento que las imágenes ya no transportan

y no podemos, como antes,

buscar sensaciones nuevas

en aquella caída maravillosa

en que nos hundía nuestro amor.

Si un día, por azar, nos encontráramos
qué difícil sería poner en palabras
la prosa de nuestras vidas,
qué poesía distinta escribiríamos
ante la crudeza de las cosas.

Cómo nos golpearía la realidad el rostro.
Qué podríamos decir de aquellos gestos,
de aquél perfume,
cómo podríamos cortejar el fin.

Dónde han quedado el más allá y la eternidad.
Qué distinta se nos presenta ahora
la idea de dios y la imagen del amor.

Ya no hay quien nos salve. Hemos caído
indefinidamente y hemos perdido
lo que más amábamos en la vida.

Aquél gran poema fue poema de amor
y quedó escrito en el paraíso de los amantes.

Nada pudimos guardar
más allá del recuerdo y las palabras.

Quizá porque no supimos morir a tiempo
estamos condenados a morir solos.

No entendimos la inmortalidad.
Qué poco faltaba para ser dioses.

Qué cerca estaba nuestro poema
de ser la suma y el fin de la poesía.

No sé si lo que buscábamos con nuestro sacrificio
era salvar el amor o salvar la poesía.
En mi recuerdo son inseparables.

III

¡Ay dios mío, deja que, al menos, como un juego,
se repita nuestra historia!
¡Permite que la literatura
vista de sangre
el espacio azul de nuestras esperanzas!
Haz el milagro. ¡Danos otra vez la oportunidad
de morir de amor y vivir para siempre!
Déjanos visitar el paraíso donde los amantes

sueñan unidos la poesía y el amor.
La nuestra era poesía de vida.

¡Mira, amiga, si dios lo consintiera,
y en nuestra desolada madurez
nos encontráramos un día,
y volviéramos a ser jóvenes y a amarnos!
¡Experimentaríamos otra vez el éxtasis
que sentimos cuando estábamos juntos!
¿Te acuerdas? El amor puede, como la metáfora,
asociar a los seres en una unidad nueva.

Sabemos que la vida está dispuesta a quitarnos todo
y el amor a darnos la vida para siempre.
En nuestra existencia condenada
damos vuelta la página del libro.

Como en los relatos maravillosos
se ha detenido el tiempo.
Nuestra aventura se repite.
La renuevan las luces del arte.
Volvemos a esperar, como aquella vez,
junto a la barrera, el tren de la muerte.

Soñamos que llega con la fuerza
de un torrente. Sentimos que va a unir
nuestra materia a lo divino. Su furia
sublime nos arranca del suelo
e impulsa hacia el vacío. Abrazados,
nos elevamos al espacio sideral.

El tren de oro sube, como un símbolo,
con nosotros, hacia el sol. Vuela vertiginosa
la máquina refulgente. Nos observamos
en el espejo de las cosas mágicas
que están a nuestro alrededor
y nos transmiten su hermosura.
Nos sabemos por siempre jóvenes.

El tren llega al paraíso de los amantes
suicidas. Nos aguardan aquellos
que buscaron, antes que nosotros,
en la muerte, la eternidad del amor.

Sus cuerpos bellos, expectantes,
entre las nubes flotan,
esculturas delicadas de formas llenas.

Como en los cuadros sagrados, vemos,
en la parte superior de la escena,
a Dios rodeado de ángeles.

Nos reclinamos en el prado de nubes
junto a los otros amantes
y extendemos nuestras manos hacia Dios
hasta tocar, sensuales,
con las yemas de nuestros dedos
los dedos de las manos de sus ángeles.

Un rayo de luz divina nos atraviesa.

Hemos ganado nuestro lugar en el paraíso.
Permanecemos abrazados
bajo la mirada redentora del Dios padre.

Vuelan sobre nosotros nubecitas
de formas caprichosas, celestes y rosas.
Desde ellas, los Amores nos lanzan
sus dardos mágicos. Flota delante nuestro,
como una pequeña nave,
la urna de marfil de nuestra alianza.
Nada podrá separarnos.

En nuestro sueño redentor
Dios nos ha perdonado. Ha salvado
nuestro amor y ya nunca tendremos
que enfrentar la vejez, el dolor y la muerte.

Bañados de eternidad, en el espacio andamos,
jóvenes de amor, por siempre ángeles.

Imaginemos que, como en los cuentos
maravillosos, esto verdaderamente ha pasado
y somos sus personajes.

Ten compasión, Señor, de estos amantes
arrepentidos de haber vivido
una larga vida separados.

La nostalgia del pecado martirizaba mi alma.
Mejor hubiera sido morir juntos.
La eternidad estaba a nuestro alcance.

El paraíso es tierra fértil para aquellos
que mueren por amor y llevan a Dios
su pequeño poema. Laurel que la paloma

no pudo cargar en su pico y ellos

transportan en su espíritu transparente.

Santo, santo, es el señor, rey del cielo

y de la tierra,

que su nombre sea loado para siempre.

Epílogo

Lector amigo, ha concluido nuestro viaje.

Peregrinos somos de un mundo transitorio.

Di, por favor, ¿nos guardarás en tu memoria?

Abraza y protege nuestras sombras.

Contigo estamos, en el amor unidos,

y en el horror de la literatura.

Los malditos

I

Inmerso vivo en la rica y seductora
barroca decadencia que me abraza;
prisionero del tiempo, como todos,
gozo lo que puedo aquello que me toca.
Beneficiarios somos y deudores
de esta lluvia generosa de estrellas.

De mi rotunda tierra soy fruto.
Cómo no agradecer a esta, mi agónica
y bella patria amada, si mi musa dorada
es hija de su don exquisito.
Porque mi tierra es poeta.

Uds. y yo compartimos la misma
cultura enferma. Nos tienta,
con sus promesas, la infernal esperanza.
Saquen, si pueden, amigos,

sus conclusiones. Las cosas

van tan bien que no dormimos.

Escuchen mi canto carnal e interesado,

anticanto también, mestizado de voces diversas,

chico de la calle que se refugia donde puede:

del pueblo soy, y de pan vive el hombre.

De este lado luchamos los caídos.

Aunque mucho no pido, el placer hace falta.

Me aguarda esta noche una pícara aventura

(así reverenciamos el amor los plebeyos).

Voy a deslizarme en lecho de espuma

con la mujer que más deseo,

bien armado y positivo mi cuerpo.

Le pediré ayuda a mi alma pervertida:

mi arte poética necesita el desenfreno.

Nadaré lentamente por sus doradas curvas,

bebiendo sus dulces perfumes penetrantes;

cabalgaré ágil entre sus divinas piernas

buscando en su goce el centro de mí mismo;

recorreré, torre encendida, con pasión su cuerpo,

templo profano de amores prohibidos;
descenderé hasta su resguardado nido
que, acalorado y sediento, busca mis besos;
posesivo, acariciaré sus muslos impetuosos
con obsceno, voluptuoso, deleite;
reverenciaré sus esculpidas nalgas de vampiresa
y elevaré una oda sublime a su culo,
sol de nuestra bandera. Argentina vivirá
en su torneado y bello cuerpo. El sexo
caliente de mi diosa, será ejemplo señero
de la perfección sensual de nuestra criolla gente.

Más tarde, yo, poeta, descansaré mi celeste cabeza
alucinada sobre sus suaves y blancos pechos
de Hetaíra. Abrazado, satisfecho, a su ser fatigado,
le pagaré ricamente por tanto placer recibido.
Y le brindaré, agradecido, para que se contemple
y me recuerde, un delicioso bouquet
de rimas decadentes.

No soy ni seré nunca el presumido centro.
Satélite del orbe femenino me consagro,
prendado de su luz y negro agujero.

Descubro, extasiado, tantos versos hermosos,
en los pliegues irreverentes
de sus tatuados cuerpos. Consentido por ellas
no dejo de beber sus flujos estelares.

II

Luchar debemos por nuestro arte amado.
No habitamos, lo sabemos, en un tiempo sincero.
Heredamos sueños desterrados
de antiguos otoños delirantes.
Vivimos y caemos, heroicos, por nuestras pasiones.

Mi verso lírico-antilírico, vulgar y refinado,
procura ser un diálogo ágil y ferviente
que avanza sin cesar, se abre, generoso,
y abraza y bendice a la materia impura.
Busca vencer a la sombra amenazante
de la ahuecada voz idealizada que, maliciosa,
espera, y en espejo se mira, de sí misma
enamorada, y confunde su eco con el mundo.

No quiero ser engolado cantor
de lírica opereta, genio fingido

de arias melodiosas, vanidoso altavoz
de pretendida grandeza.
Prefiero verme en el otro, deformado,
(ese otro será un querido compañero),
y sentir que un poeta soy, grotesco,
atado a los imprevistos de la suerte,
laborioso artesano.

Cercados estamos de falsas apariencias.
Todo lo que tengo en la vida lo he ganado.
Con paciencia modelo mis ilustrados deseos
que, fuertes, se levantan, esculturas de tiempo,
y son la sonada fuente de mi barroco canto.

Orgulloso estoy de mis cultos trabajos.
Vean esta mi incisiva pluma, de falso oro,
cómo brilla. La he comprado en el mercado.
Democrática aguja de nuestra nueva época.
Dichoso siglo XXI, con cuánta ilusión
los malditos te esperábamos. Juntos
coseremos todos los costados.

En el reino de la literatura vivo,

pero no todas son flores. Bien lo sabemos.

Yo he aprendido a luchar contra el lirismo

porque el canto necesita su anticanto

para que la poesía viva en armonía

(esto lo he tomado de Darío,

que todo lo que adoró, destruyó luego,

fundando nuestra verdadera poesía).

Prefiero amor villano a opulento himeneo,

en el pueblo está el ser verdadero.

Pleitesía no rindo excepto al puro sexo,

que se expresa en la fecundidad carnal

de las ideas. Por lo que hacemos, Dios,

nos reconoce. Mis obras con él comulgan,

y se abrazan, necesitadas

de su generosidad y la de Uds.

III

El propósito de nuestro mundo no está claro.

Ante todo dudamos, y con razón.

Libres nos sentimos frente a Erató y su lira.

Agónicos hermanos desesperados
somos, listos a navegar todos los caos.
Charles Baudelaire es el gurú moderno,
con él aprendimos a entrar en el Infierno.

Nuestra maldición pide su propia verdad.
El camino del yo está sembrado de espinas.

Angustiosa es la tardanza de las horas
que nos llegan, silenciosas, del mañana.

Sin arar en el mar no tendremos destino.
Siendo ya las estrellas, buscamos el universo.

Qué se abran las metáforas al infinito.
Necesitamos sentir que estamos vivos.

Índice

Poemas de la vida

El bar de las viejas vedettes	5
La Sibila	9
El ahogado	15

Crónicas de tiempos difíciles

Una visita a la Villa 31	23
El Gran Cacelorazo del Obelisco	35
Muchacha cama adentro	53

Murales

Sábado a la noche, cumbia	73
El partido del domingo	97

Cantos crueles

Los suicidas	111
Los malditos	127

www.ingramcontent.com/pod-product-compliance
Lightning Source LLC
LaVergne TN
LVHW011205080426
835508LV00007B/607